물의 경전

오정환 유고시집

물은 모든 물질변화의 시작이기도 하지만 또한 모든 변화의 마지막 완성의 단계이다. 동양의 생성원리는 시작과 마침으로 끝나는 서구식의 종결법이 아니라, 끝없는 순환과 반복의 질서로 이어지고 되풀이됨으로써, 모든 생명과 정신이 통합되고 통일되는 최종 단계마저 처음 시작의 모습과 흡사하고, 그 시작과 완성의 형태를 물이라고 하며, 물은 최종 완성단계에서 깊은 내면까지 응고되는 정(精)과 핵(核)을 가진다고 한다.

-시집 『푸른 눈』 자전 산문 중에서

차례

제1부

013 깨달음[道]
014 노자老子 마을
016 순금
017 쇠[金]
018 노자의 마을 거닐기
019 머무름
020 하늘 뜻
021 소용所用
022 통나무 1
024 미황사美黃寺
025 고요함
026 유리창
028 예감豫感
030 빗발
031 장자莊子의 장례
032 노을
033 솔숲
034 소금

035	봄날
036	폭포
037	밧줄
038	강물
039	길
040	바람
041	억새
042	다리
043	벌판에서
044	새벽
046	바다
048	선창
050	개펄

제2부

055	물의 경전
056	체조
057	되돌아가는 것
058	금샘이어라

060　물결처럼
062　시간
063　겨울바람
064　모래벌판
066　바람이 분다
068　파도
070　고요한 물
071　뜸들이기
072　바위손
073　꽃
074　우레
075　모래
076　시간
078　호박
079　갈대
080　절집
081　달빛 걷기
082　말씀

084	물 1
086	물 2
087	우물
088	바다에 닿아야 한다면
089	바퀴
090	감지柑紙
091	물처럼
092	분수

제3부

097	주역시편 ─ 수뢰둔水雷屯
098	주역시편 ─ 산수몽山水夢
099	주역시편 ─ 수천수水天需
100	주역시편 ─ 천수송天水訟
101	주역시편 ─ 지수사地水師
102	주역시편 ─ 수지비水地比
103	주역시편 ─ 풍천소축風天小畜
105	주역시편 ─ 천택리天澤履

106	주역시편—지천태地天泰
108	주역시편—천지비天地否
109	주역시편—천화동인天火同人
111	주역시편—화천대유火天大有
113	주역시편—지산겸地山謙
115	주역시편—뇌지예雷地豫
117	주역시편—택뢰수澤雷隨
119	주역시편—산풍고山風蠱
121	주역시편—지택림地澤臨
123	주역시편—풍지관風地觀
125	주역시편—화뢰서합火雷噬嗑
127	주역시편—산화비山火賁

작품해설 _ 황선열

131 깨달음과 실천궁행의 길

제1부

깨달음[道]

넘치지 않는 그릇
깊은 심연深淵의 근원

뾰족한 것 무디게 하고
어지럽게 얽힌 것 풀어내는

저 부드러운 빛의 티끌
더없이 깊고 고요한 존재

아, 나는 누구의 아들인가
하느님보다 먼저 아닌가

노자老子 마을

흙냄새 풀풀 거리는 토방이다

언제나 남보다 어리석고 약할 것
욕되며 남들 뒷줄에 서 있을 것

아무것도 담지 않은 텅 빈 고요
마른 햇살 부스러기 몇 톨 뛰놀 뿐

바람 스미는 창문 닫아걸고
찾을 것 없이 산언저리 서성이다
돌아와 앉으면 나른한 졸음의 한낮
무위의 햇살, 바람 따라 어른대는데

단단한 것 깨어지고, 우뚝한 것
날카롭게 벼려져 예리한 것
내려앉고 무디어 닳아질 뿐

저 무심결의 빈자리
아래로 아래로 천천히
어둠 적시며 흘러드는 물소리

순금

순금은 도금하지 않는다

고니를 조각한다고 착각하지 마라
다만 한 마리 나막따오기인 것을

교목 허리춤에도 못 미치는 손길
칡넝쿨 한없이 뻗쳐오르진 못한다

맑게 닦인 거울일수록
온 세상 때 먼지 감출 수 없다

사납고 용맹스러운 짐승은
뛰지 않고 머물 때도 발톱 세운다

아름다운 나무 그늘마저 짙푸르다

쇠[金]

수백 도 뜨겁게 지핀 불 속에서
녹아내릴 듯 달구어져야 하고

거듭되는 오랜 담금질 버텨내고
수백 차례 내려치는 매를 맞고도
혼신의 아픔 견뎌내야 비로소
단단한 근골, 강철이 되는 무쇠

순도 99.9 퍼센트
불순물 찌꺼기 깡그리 걸러낸

더없이 잘 정제된 금이라야
어둠 속에 던져도 빛을 발하며

반짝이는 눈, 야광생물처럼
살아있는 금이라야
비로소 쇠금金아닌가

노자의 마을 거닐기

캄캄한 어둠의 고요
흔들어 깨우는 파도소리

바람은 벼랑을 거슬러 올라
우거진 통나무 숲에 다다르고

말없이 머물러 서서 바라보는
저 무심결의 흰 눈썹

휑하게 뚫린 골짜기마다
바람이 쓸어내리는 어둠

아침 햇살 밝아올 때까지
풀뿌리로 흘러내리는 물

흔들림 없는 도道의 창窓
내세움 없는 덕德의 문門이여

머무름

세상 보기 좋고 고운 것들
사실, 더럽고 추한 것이라네

진정한 있음과 없음도
쉬움과 어려움의 분별分別도
길고 짧음, 높낮이도 불명不明일 뿐

악음樂音도 소음 있어 화음和音 되고
앞과 뒤마저 끝없이 연이은 관계
함부로 구분區分지을 수 없는 것

오로지 무위無爲로써
나서지도 말하지도 말고
이루어도 가지거나 기대지 말고

떠남 없이 다만 머물러 있는 것
머무름! 아, 머물러 있음이여

하늘 뜻

가득 채우는 것보다
적절하게 유지함이 좋다

너무 뾰족하게 갈아 버리면
머지않아 쉬 무디어지고

금옥金玉 집안에 넘쳐나면
이를 지켜내기 어렵다

부귀와 영예로 교만해지면
필경, 재앙을 부르게 되고

일을 이루고 난 후에는
스스로 물러나야 하는 것

소용所用

서른 개 바큇살
하나로 모여 바퀴를 이루지만
아무것도 없음은 수레가 소용되고

흙을 빚어 그릇을 만들지만
아무것도 없음은 그릇이 소용되고

문과 창窓을 내어 방을 만들지만
아무것도 없음은 방이 소용된다

있음은 이로움이 되겠지만
전혀 아무것도 없는 것은
절실한 소용所用이 되는 것이다
있음과 없음 그 차이가 무엇인가!

통나무 1

남성을 알고 여성스러움 지키면
세상의 깊은 협곡이 되고, 그
협곡엔 오래 덕德 떠나지 않아
갓난아기 상태로 돌아가게 된다

흰 것을 알면서 검은 것 지키면
세상의 본보기가 되고
영원한 덕德 어긋나지 않아
무극無極의 상태로 돌아간다

영광 알면서 오욕汚辱 유지하면
세상의 골짜기가 될 것이고
그 넓고 깊은 골짜기에는
영원한 덕德 풍족하여, 마침내
소박한 통나무로 돌아가게 된다

다듬지 않은 통나무!

이를 쪼개면 그릇이 될 뿐
통나무를 통하여 지도자 되어도
정말 훌륭한 지도자는 헛되이
자르는 일 따위는 하지 않는다

미황사 美黃寺

땅끝 해남 달마산
황금빛 저녁놀 타오를 때

병풍 봉우리 붉게 솟구치며
더불어 천상의 그림으로 떠오를 때
대웅보전 배흘림기둥 주춧돌 자라문양
우아하게 뻗은 팔작지붕 서까래보다

긴 세월 바랜 단청 민얼굴 드러낸 처마
달마능선 아래 검붉게 물드는 부도전의
물고기 게 문어 거북 숨은그림찾기보다

대웅전 괘불탱화 속에, 묵언默言! 속에
고졸古拙과 적요의 극락으로 서려 있다

고요함

완전히 이루어진 것
모자란 듯하지만
쓰임에 다함이 없고

완전히 가득 찬 것
빈 듯하지만
그 쓰임에 끝이 없다

완전히 곧은 것 굽은 듯하고
완전한 솜씨 서투르게 보이고
훌륭한 웅변 눌변訥辯으로 들린다

서성임은 추위를 이기고
고요함은 더위를 이긴다

맑고 고요함! 이것이야말로
세상의 표준標準이다

유리창

얼굴 맞대고
따스하게 입김 불어대면
안에서나 밖에서나 좋지 않으랴

모두들 안에서 밖으로 내다보지만
은밀하게 서로 눈짓하는 의미를
누구라도 쉬 알아챌 수 없다면

바람 불어
네 모습 흔들릴 때
온전한 너를 위하여 또 입김 불어야지

더러운 그림자들
칙칙하게 내려앉는 어둠들
맑고 투명하게 닦아내고

반짝이며 웃는 이빨

고운 입술로 만나자
풀빛 하늘빛 상큼한 그리움으로

예감 豫感

모든 것
가라앉은 물밑

오로지
가늘게 펄럭이는 맥박뿐
숨결조차 머물러 있다

흐릿한 햇살마저 사라지고
칼끝, 싸늘한 눈만
가슴만 살아있다

얼핏 은빛 물줄기 한 가닥
유리창 빗줄기 타 내릴 때

깊은 수해樹海의 골짜기
새로이 반짝이며 돋아나는

노란 촉수觸手
잎새 잎새들

빗발

바람에
잘리면서도
잘리면서도 끝없이 달아나려는
너의 집요執拗
반짝이는 투명한 발 뿌리털
유릿가루처럼 유리창에
무수히 깨어지고 있었다

비는 아직 그치지 않았고
눅눅하게 젖어드는 가슴 한 켠
온통 흘러내리는 어둠뿐일 때
불빛이 찾아낸 너는
수많은 작은 벌레가 되어
유리창마다 날아오르고 있었다

장자莊子의 장례

장자 죽음에 이르러
제자들 성대한 장례 의논하고 있을 때

"내 시체를 그냥 산에다 두어라
땅 위에 버리면 까마귀 솔개가 먹을 것인데
땅속에 묻으면 개미가 먹을 것인즉
모처럼 까마귀나 솔개가 먹게 되어 있는 것을
빼앗아 개미에게 주는 것은
불공평한 처사가 아니냐"

"나는 천지를 관棺이라 생각하고
해와 달과 별을 구슬로 보고
세상 만물 나를 위한 장식물이라 생각했네
나를 장사 지내는 장식물이야
이 정도로 충분하지 않은가!
더 이상 아무 것도 필요하지 않네"

노을

한 생애 접으면서
주름살투성이 되어
마지막 사그라지는 아름다움

말라비틀어진 채
바람에 어지러이 나부끼면서도
주름살 잊지 않는 너털웃음

땅바닥에 지천으로 널린 낙엽
아, 온통 붉은 세상

솔숲

배리 삼릉[*]
솔숲 찾으러 가는 바람
우레 땅속 깊이 스미며
지심地心까지 흔드는 날

따가운 바늘 끝
푸른 실 가시눈으로
오직 하늘만 우러러
켜켜이 더께 진 연륜
그 튼실한 상처자국마다
안개처럼 휘감기는 해풍

　*경주 인근 송림

소금

깜깜한 어둠
덧칠된 칠흑 바다
비바람의 오랜 나날까지
쉼 없이 섞어 되말려든 파도

따가운 불볕 햇살 내려
짜디짠 바람으로 감싸 말릴 때
보석 같은 저 알갱이 알갱이들
고스란히 혀끝에 침 고일 듯
아, 한 줌 눈부신 천일염

봄날

어스름 속에 창을 열면
결 곱게 밝아오는 가지 사이
둔덕마다 풀씨 하얗게 피워 올리는
푸르디푸른 봄날 아침
새로이 눈뜨는 채색의 나날

가녀린 연둣빛 잎새
몇 날 며칠 쏟아부은 빗발
낮은 물소리의 싱그러움 속
나른한 햇살 부스러기
제 홀로 언덕 거슬러 넘어가는
저 하얗게 반짝이는 길

폭포

쏟아낼 것
한없이 다 쏟고
버려야 할 것
모두 버려 버리는 단호한 기세

수십 길
물웅덩이 파 놓고도
아직 거친 숨결 내려놓지 않는
오, 괄괄한 울분의 외침

밧줄*

모진 인연의 바다
질기디질긴 칼바람
끼룩대던 갈매기 울음마저
헤진 그물 사이로 사라지고

때 묻은 삶 겉껍질만 남아
고스란히 쌓이고 쌓인 채
뒤감겨 굽이치며 솟구쳐 오르는
오랜 생애의 곡절 더미

*최민식 선생 사진

강물

작은 비늘
맥박으로 출렁이며
껴안은 크낙한 한 세상
바위 틈서리 가느단 실뿌리로
눈물같이 이어온 생애

빛줄기 따라
표표히 날아오름을
꿈꾸기도 하지만
부둥켜안고 몸 부빌 때
더없이 넉넉해지는 가슴

길

메마른 흰 기침
바람소리마저 얼어붙을 때
흐릿한 별빛으로는 찾을 수 없는
어둡고 추운 혜안慧眼 길

어둠은 벌써 절벽 타오르고
연방 얼어붙는 길바닥
바스락거리는 얼음소리뿐
연신 쿨럭이는 입김으로는
아예 찾을 수 없는 길

바람

박인환 시인의
쓰러진 술병 속
목메어 우는 바람

하늘 달리는 목마木馬
방울소리마다 낙엽 지고
빳빳이 깃 세운 늦가을
청아한 눈빛

억새

가파른 등성이
숨차게 올라서야
볕 바른 벌판 다다르고
밤낮 바람 잘 날 없는
마른 흙먼지의 산정山頂

나뭇잎 빨갛게 노랗게
꽃빛으로 물들이는 계절
허옇게 센 머리털 흩날리며
목쉰 노래 풀어내는
저 장엄한 화엄세상

다리

세상 어디에서도 멋있고
아름다운 다리라면, 반드시
바다가 배경이어야 한다

대교든 연육교든 어떤 다리든
머리카락 해풍에 휘날려야 하고
갈매기 깃털 거친 이랑 너머
시시각각 푸른 눈 스며야 한다

눈부시게 반짝이는 비늘 바다
한달음으로 곧게 뻗은 난간
빠짐없이 빼곡히 채워지는
푸르디푸른 바다이어야 한다

벌판에서

모두 잘라낸 텅 빈 가슴
파헤쳐진 흙더미 사이로
청량한 바람 스며들 때
햇살마다 반짝이는 결의

아무도 밟아보지 못한
푸릇푸릇한 저 처녀의 땅
씨앗 뿌리고 가꾸는 나날
아, 단순한 일상의 성스러움

새 경작지의 새벽하늘에
아득히 새떼 날아오를 때
스스로 일깨운 거룩함이며
무한한 가능의 푸른 결실
다시 저 벌판에 서서

새벽

새벽은 한순간 어둠 속에서
번쩍, 광채로 다가왔다 스러지는
그런 꿈같은 것이 아니다, 새벽은

저 먼 바다 건너 한밤 내내
어둠 속 작은 풀잎들을 닦아내고
잠든 새들의 정수리 마다 하나씩
푸른 불빛이 되어 맺혀있다

흐르는 계곡 물갈퀴 움켜쥐고
치솟은 바윗돌의 위험과, 아득한
허공의 낭떠러지까지도 선명하게
모두 드러내어 보여준다, 새벽은

노랗게 젖어 온통 노오란 세상
뜨뜻미지근한 햇살 속에서, 우리는
때때로 새벽을 놓쳐버리지만

날마다 눈 뜨면, 머리맡에 시퍼런
서슬의 칼로 놓여있다, 새벽은

바다

이리로 오라 누구나 오라
여기 참된 깨우침의 목소리
한순간도 멈추어 스러지지 않는
반짝반짝 빛나는 광택
명료하게 펼쳐져 있다
모조리 떠들려 흔들리는 것들
멋대로 치솟아 오르기만 하는 것들
바람에 뒤덮인 저 언덕, 변덕스러운
하늘까지 온통 끌어안고
이리로 오라

삭이지 못한 분노와 울분
처절한 탄식과 절망의 몸부림
가슴 저리는 그리움마저도 모두 안고
누구나 오라
여기 생명의 푸르른 어둠
안으로 끓어오르는 열정의 나날

한없는 출렁임으로 살아 뛰는 맥박
이리로 오라 누구나 오라

선창

어둠 속에서
닻을 내리지 못한 목선木船들의
누더기 깃발, 온 바다를 메우고
카바이드 불빛에 모여들던
사내들은 보이지 않는다
그들의 손때 묻은
찢어진 그물의 올실 사이로
목 쉰 갈매기 울음소리만
쉴 새 없이 출렁이고
노래도 야망도 잃어버리고
해안에 붙박여 정박해버린
폐선廢船의 고통
사내들이 기울이던 쓴 술잔과
펄펄 끓어오르던 울분만
주검처럼 뒤집히는 파도에
떠밀려 온다, 쇄빙기에서
갓 부수어낸 얼음 알맹이들이

서늘하게 눈뜨는 새벽까지
거세게 바람 몰아치고
이제 사내들은
그림자도 보이지 않는다

개펄

망망한 개펄
물결이 그려놓은
엄청난 대작大作의 검푸른 무늬
쌓아올린 작은 등성이마다
수없이 펼쳐진 가녀린 등고선
온 세상 주름진 진창 그늘
여기 송두리째 옮겨 놓았는가
모래 바닥 적시는 물살
서서히 배어드는 어둠처럼
발가락 혈관 따라 스며오르고
저 멀리 아직 잠들지 못한 채
구겨져 맴도는 연안의 불빛들
끼룩대는 갈매기떼의 설렘과
말라붙은 노을을 휘감는 안개
별빛 고운 영혼 되새기며
점점이 사라지는 하늘
쉴 새 없이 밀려왔다 부서지는

물거품마저 짓이기며, 개펄은
곰삭은 젓갈처럼 온밤 꼬박 새워가며
또 다른 대작大作을 꿈꾸는가

제2부

물의 경전

한 잔의 차가운 물
단순한 목축임만 일까

푸르른 하늘 뜻을 따르는
저 순천한 강물도, 바다도
끊임없이 소리쳐 외쳐대는 폭포도
창문에 쏟아지는 소나기도
비 그친 후 한 방울씩 듣는
낙숫물 소리에도

해독할 수는 없지만
경건한 독경소리 스며있는 건 아닐까

바람에 일렁이며 햇살 받아 반짝이는
저 황금빛 그림 글씨
심오한 깨우침의 경전 아닐까

체조

아무리 높이 치솟아 보려 해도
지상에서 이 땅바닥에서 뗄 수 없는 슬픔

드리워진 업보의 질긴 끈에 매달린 발바닥
허공을 질러가는 바람, 떠다니는 구름들은
한갓 허황한 꿈의 갈피 팽개친 돌멩이마저
포물선 끝자락에 매달려 되돌아온다

허공 건너
반듯이 착지하는 동작의 매끄러움
얼마나 정확하게 날아오르기 전 모습으로
되돌아오는가에 달려 있다, 뜀틀 벗어나
철봉 뛰어넘어 한없이 달아오르고 싶은
아, 저 날렵한 발바닥이여

되돌아가는 것

물은 어디서 바람은 또 어디서
햇살은, 살 에는 추위는 어디서 왔을까
유상무상 모두의 모습들 그들의 실상이
왔던 곳으로 돌아가고 있는 몸짓이라면

언제나 그 자리에 붙박인 듯 산도 바위도
깎아지른 절벽도, 등 굽은 소나무 등걸도
쉽게 보이지는 않지만, 모두들 열심히들
쉴 새 없이 되돌아가고 있는 과정이라면

연못 돌팍 위, 부동의 조각 같은 자라는
새빨갛게 잘 익은 과일, 달콤 시원한 맛은
어여쁜 소녀의 곱디고운 뺨은 그 미소는
어디서 왔다 또 어디로 되돌아가는 걸까

금샘이어라

금정 아래
길길이 솟은 나무 나무들
함부로 자리한 너럭바위들
금정 정상에 이르는
햇살, 바람, 떠다니는 구름들
하늘거리는 나뭇잎, 풀잎들
그 사이사이로 스멀스멀
배어드는 새 울음 풀벌레 소리,
모두 싱그럽고
모두 청량하기만 한 뜻은, 금샘
금샘이어라
깨달음의 하늘 아득한 범천의
범어梵魚, 눈부신 황금빛 물고기
가뭄에도 마르지 않는
팔백 고당의 맑은 물결
금샘으로 비롯하였나니

금정 하늘과 땅, 그 성스러움마저
오로지 금샘, 금샘이어라

물결처럼

물결처럼
살아간다는 것은
흘러가는 일인 것 같다

사랑한다는 것도
헤어진다는 것도
허전한 빈 가슴으로
먼 하늘 바라보는 일인 것 같다

한때 흐름 이전 샘솟음이었던
그 하늘의 시냇가 풀섶들조차
이제는 아슴아슴한 세월 아닌가

살아온 발자국들과
서성이던 수많은 그림자를
때때로 추억처럼 떠올리며
흐릿하게 되새기는 일인 것 같다

다시 큰 강물 만나면
정갈하게 손발부터 닦고
가을걷이 드넓은 벌판에 이르면
흠뻑 바람 들이마시는 일인 것 같다
물결처럼 살아간다는 것은

시간

불현듯 잔잔한 수면 위에
빗방울이 그려내는 물바퀴들
잦아진 방울들 바삐 둥글어지다
세찬 빗줄기 될 때 희뿌연 안개
물 밑바닥에서부터 피어오르듯

좁디좁은 문틈 사이를 헤집는 햇살
여름날 미루나무 기다란 그림자 속
느긋한 고요와 시원함도 시간이었고
살아 뛰는 물고기의 퍼덕이는 긴장
애틋함마저도 시간이 퉁겨내는 생

고요에서 번잡과 소란으로 이어지는
삶이란, 고갯길 오르내리며 숨 고르기
빙하의 세상이 온통 하얗게 얼어붙어
따가운 칼바람 목주름 깊숙이 스며도
놓쳐버릴 수 없는 건 반짝이는 초침

겨울바람

이제 다 지나온 길 같은데
또 거쳐야 할 흉가 같은 어둠
이른 아침 뜨거운 국물 다스려
집 나서면 지나는 골목마다
음흉한 칼날처럼 숨어있는 바람
삶은 시린 손, 바삐 주머니에서
빼내야 하는 빙판길이다
다시 어김없이 찾아드는 어둠
밤이면 강물 위에 내린 눈마저
얼음날을 세우고, 나의 발길은
흉가 같은 음산한 골목을 돌아
끝나지 않은 어둠을 바람 함께
시린 손으로 걸어야 한다

모래벌판

우리는 늘 거칠거칠해
깜깜한 어둠으로 눌러 씌워도
차마 잠들 수 없지
저 스러져가는 불빛이며
점점 어눌해지는 목소리
쉴 새 없이 닦아내야 해
비벼대고 비벼대어 낱낱의
미세한 가루로 만들어야 해
바다가 제 아무리 길길이 뛰어봤자
우리는 전혀 신경 쓰질 않아
얼굴을 쳐들지도 몸부림치지도 않아
서로서로 움켜잡은 손아귀마다
끈끈하게 묻어오는 신뢰의 땀
크게 숨 한번 내쉴 수도 없는
좁아빠진 공간이지만
어깨와 어깨로 밀착한
우리들의 끝없는 세상

한번씩 미친 바람이 불어
꼬나쥔 손 매듭을
마구 잘라가기도 하지만
어디서건 우리는 가라앉지
밑바닥으로 밑바닥으로
그리고 잽싸게 다시 모여들지
누구도 우리를 떼어놓지 못해
견딜 수 없는 슬픔도
너덜너덜한 하늘도, 가슴팍으로
모두 깔아뭉개면서 쉴 새 없이
닦고 비벼대고 닦고 비벼대고
매끈하게 반짝반짝 눈뜨는
푸른 햇살을 위하여, 우리는
늘 거칠거칠해야 해

바람이 분다

바람이 분다

바람 불지 않는 곳에
무슨 헤집음이 있고
무슨 용솟음이 일어나랴

햇살도 빗발마저도
바람에 흩날리고 일렁이며
쓰러진 풀잎 매만질 수 있고
메마른 수목들 가지 줄기
속속들이 적실 수 있지 않으랴

피 돌림 같은 끊임없는 순환
작은 숨결의 호흡 속에서도
맥박처럼 펄럭이는 바람이여

물결 고요한 그늘에 기대어

자칫 잠들지 않기 위하여
그침 없이 바람이 일으키는
저 눈부신 잎들의 황금빛 출렁임

오늘도 바람이 분다

파도

방파제 벼랑 넘으며
모조리 쓸어낼 것 같던
그런 완력이 아니라
부서지면서 잠깐 드러내는
흰 이빨의 웃음소리
수없이 많은 모래알들의
저 깨알 같은 눈, 눈들을
쓰다듬는 들숨과 날숨
그 짧은 간극에 뜻이 있다

온몸 다 던져 부서졌다
다시 밀려오는 물살 만나는
백사장과 파도의 생애
어쩌면 허망한 물거품 시간
역류하는 흐름 위에서도
잠깐 눈 붙이는 여유

그 짧은 유영의 숨결 속에
찾아야 할 뜻이 있다

고요한 물

초롱초롱한
새벽별 등에 지고
옷섶으로 촛불 가린 채
장독대 위 정화수 한 사발
한결 출렁임도 없는
잔잔한 마음
아, 어머니

뜸들이기

밥물 끓고 나면
센 불 낮추었다가 곧 꺼야 한다

불 끈 직후에야 비로소
솥 안 하나 가득 넘쳐나는 기화와
최고조의 뜨거움, 그 무근지화無根之火 상태에서
이른바 밥알들이 익으며 뜸들린다

낮이 가장 긴 하지 때보다 한참 지난 후에야
햇살 더욱 뜨거워지는 삼복염천 한더위처럼
불 끈 다음 최고조에 이르는 뜨거움의 의미

설익음도 타버림도 없는
알맞은 밥 뜸들임의 그 뜨거움

첫 시작부터 훌륭한 끝맺음까지
마음 추스르며 기다려야 한다

바위손

땅속에
가느단 줄기 있다지만
이끼처럼 한 덩어리로 엉겨 붙은
저렇듯 치열한 삶의 실체

험난한 바위 비탈
작은 손바닥으로 기어오르며
제각각 하나씩의 하늘을 우러러
비늘 같은 잎으로 더불어 감싸 안는
저렇듯 메마르고 축축한 인정

허옇게 말라죽는 삶의 종말
모두 한 덩어리로 떨어질 때까지

꽃

몇 날 며칠 쏟아붓던
비바람, 억수 장대비 속에서
저 고운 입술, 치켜뜨는 눈망울
흐트러지지도 젖지도 않았구나

우는 듯한 찡그린 듯한 얼굴
잎새 시들어버린 가을 지나며
목덜미 스산한 메마른 계절에
악수도 기약도 없이 헤어졌는데

만남의 진정한 의미
그 숨결, 그 입김 모두 잊지 않고
초롱초롱한 눈빛까지도
오롯이 되살려 돌아왔구나

우레

한순간
번쩍 하늘 찢지만
우레는 땅속으로 스민다

아득한 지심地心에서도
불덩이로 이글대는 생명
먹장구름처럼 도사려 있다

용오름
바다 속 맹렬한 소용돌이
천길만길 치솟아 오르듯

모래

수천 년
비바람 천둥에도 끄떡없었던
바위였다는 걸 알기나 할까

잠깐도
쉬지 않고 밀어대고 밀려나는
저 엄청난 물살의 힘

닦이고 깎인 돌멩이 되었다가
또 몇천 몇만 년 세월 지난 후
미세한 흙먼지로
날아다닐 걸 알기나 할까

시간

온갖 번잡과
서두름 사이에서도
엄연하게 반짝이는 초침
숨가쁜 고갯길
스치며 허둥대는 삶

문득 아침 햇살 속 고요에서
키 큰 나무 그림자 속 고요에서
꿈틀대는 시간
그물 속 물고기처럼
퍼덕이며 튀어 오르는
시간의 비늘

살다가 보면
넘어지지 않을 곳에서
넘어질 때가 있다
사랑을 말하지 않을 곳에서

사랑을 말할 때가 있다
눈물을 보이지 않을 곳에서
눈물을 보일 때가 있다

살다가 보면
사랑하는 사람을
사랑하지 않기 위해서
떠나보낼 때가 있다

호박

함부로
뻗어난다고 하지 마라
밤낮없이
어두운 구덩이 헤치고 헤쳐
까칠까칠한 수염 기르며
가시줄기 갈쿠리마다
한 알씩 한 알씩
오롯한 열매 매달지 않는가

서리 내리는 계절이면
사소한 인연들 모두 떨쳐 버리고
저 돌덩이같이 튼실한 열매
구덩이마다 내려놓지 않는가

갈대

푸르던 잎들
다 보내고 나면
갈대도
가을에는 희멀쑥해진다

흰꽃 뜯어
바람결에 흩뿌리고 나면
단풍 아니지만 훌륭한 단풍이다

오로지
바람맞고 보내는 일의 한평생
허옇게
부스스한 저 머리털의 연륜

절집

이슬비 이슬이 되어
풀잎에 맺혔다 구르는 날
어머니의 백팔배 절 모습

경건하게 손 모아 올렸다
온몸 던지듯 구겨지듯 내려앉는
사람들 힘든 숨소리에서
땀 밴 어깻죽지 본다

습관처럼 관절 무너뜨리는
저 엄숙한 경배의 자세
삭은 뼈마디
가루가 되어 뿌려지고야 말
어머니의 절집 절하는 사람들
이슬비는 이슬처럼

말없이 마당을 적시고

달빛 걷기

고당봉에서 비롯한 저 푸르름
북문 벌판 가득 물들어 올 때
원효봉 의상봉 따라 호흡 가누면
마침내 떠오르는 은은한 달빛이여
아아, 나비암 등지고 동문 이르네

굽이굽이 휘돌아 흘러온 발걸음
흐르는 물결 같은 삶이여, 달빛이여

말씀

광막한
우주의 변화를
하늘은 늘 말하지만
밤낮으로 말없이
해와 달로 말하지만

햇살로 바람으로,
비 흠뻑 머금은
검은 밀운으로도
잠깐도 멈추지 않고
말하고 있지만

도무지
알아차릴 수 없고
그 기미마저 모르는
답답하고 안타까운

나의 두 눈
그리고 귀

물 1

물에도
살과 뼈가 있음은
한겨울 추위 속에서 안다

철근처럼 송곳처럼
강하고 단단한 얼음의 뼈대
사탕과자처럼 매끄러운 눈송이

세상에 가장 부드럽고
오로지 낮은 곳으로만 향하며
더러움도 추악함도 모두 껴안는 물

뜨겁게 데워지면 데워지는 대로
서늘하게 식히면 차가운 대로
푸른 눈 부릅뜨고 살아있는 물

사나운 비바람 몰아칠 때면

무서운 갈퀴 세우는 격랑이지만
담기는 그릇 모양 그대로 닮는다

물 2

작은 씨앗들
실뿌리부터 살려
노란 떡잎 기르는 물

저렇듯 높은 하늘 뜻 따라
엄연한 생명으로 살려내는
살아 숨 쉬는 지상의 물

언제나 머리 숙인 채
아래로 흐르는 듯하지만
자칫, 놀랍고 위험천만한 물

사나운 갈퀴 세운 격랑 아니라도
보라, 시퍼렇게 빛나는 물의 눈빛
강직하고 단단하게 뿌리 뒤엉켜
하늘 높이 치솟는 수목들을

우물

두레박으로
길어올리는 맑은 샘
장마에 넘쳐흐르지 않고
오랜 가뭄에도 마르지 않고
목마른 사람들 줄 내리기만 하면
두레박 한가득 철철 넘쳐흐르는 물

아무도 오지 않는 이른 새벽
초롱초롱 별빛 받으며
흰 달덩이 함께 건져 퍼 올리는
두레박 옹알이 은빛 물결

바다에 닿아야 한다면

언젠가 바다에 닿아야 한다면
짜가운 소금물이 뭐 두려우랴

이른 아침
그 찬란하던 이슬방울보다
한평생 고인 채 썩어가기만 하는
답답하고 울울한 흙탕물 웅덩이보다

새소리 바람소리
비바람 천둥소리마저 머금으며
느긋하게 흘러가기만 하는 강물이라면
샘물이든 빗물이든 어떠랴

텁텁한 숨결 서로 나누고
살부빔 더불어 함께한다 해도
또 어떠랴, 바다에 닿기까지는

바퀴

이러구러 궁굴리며 한생을 다 굴러먹었다
물줄기를 잃은 개울가에 버려진 폐리어카 한 대
갈비뼈 부러진 녹슨 바퀴에 흥건하게 저무는 햇살
반짝이는 물살 다 흘려보낸 개울가 부러진 바큇살은
자신의 이력만큼 너덜너덜한 물살을 꿰맸다
이쯤에서 끌고 왔던 모든 물살은 떠내려 보내야 한다
흠집 숭숭한 추억들만 하나 둘 돌아 누이는가
실밥 터진 삶의 녹물조차 몸 뒤척이는데
 차마 따라나서지 못한 자투리 물살은 푸른 이끼로 덮어두자
 우뚝 선 산이 눈을 꾹 감고 누추한 그림자 지우는 저녁 무렵
 한생을 굴러먹은 길들이 쭈-욱 다리를 뻗고 있다

감지柑紙

쪽물 말리는
부드러운 햇살 그늘
잔잔히 스며드는 바람
벌레울음, 새소리
더구나 별, 달빛

저렇듯
청아한 하늘색
곱디곱게 빚은 속살
천년 늘 푸르른 감지
금빛 사경寫經이여

물처럼

물처럼 살아간다는 것은
흘려보내는 일인 것 같다
만남도 헤어짐도
허전하게 팔짱 낀 채
하늘 바라보는 일인 것 같다

흐름 이전 샘솟음이었던
아득한 그 하늘 산그늘들
아슴아슴한 기억의 편린
부질없는 발자국들 함께
떠올려 보는 일인 것 같다

분수

벗어날 수 없이
되돌아오기만 하는
끝없는 반복의 생애
튀어 오르는
작은 물방울 하나까지도
단단하고 굳게 묶여 있다
오직 답답하고
오직 참을 수 없는
갑갑함으로만 여긴다면
한꺼번에 쓰러져버려야지

어쩌면 벗어날 수도 있다는
하늘까지 날아오를 수도 있다는
어리석은 소망을 위하여
끝없이 비약해 보아야만 한다
어깨를 재빠르게 건너뛰며
또 다른 어깨 위를 날아오르는

저 아슬아슬한 곡예의 아픔을
단지 아픔으로만 여긴다면
머리 위 푸른 하늘을
꿈꾸어 보기라도 하겠는가

제3부

주역시편
―수뢰둔水雷屯

태초의 하늘
캄캄한 어둠을 뚫고
천둥소리 사이로
쏟아져 내리는 빗줄기

오래토록 단단하게
얼어붙었던 땅속까지
번쩍번쩍 우레 스며
흔드는 숨결

바람결에 빛나는 햇살
비 그치고 아침이면
봄 맞은 새싹 한 잎
꿈틀 살아나는 벌레들

주역시편
―산수몽山水夢

산 아래
샘처럼 솟는 물
물은 지혜의 소산

숨겨진 옹달샘마다
어리는 마음의 문

어리석음 열고 일깨워
하늘과 바람 해와 달
스스로운 깨달음

먼 길 향하는
첫 출발의 발걸음
겹겹의 수많은 계단들

주역시편
—수천수 水天需

하늘에 떠오른
검은 먹구름

나부끼는 빗발
조금씩 젖어드는 대지

세찬 바람 앞길 막아도
지금은 느긋한 마음으로
기다려야만 할 때

두터운 믿음은
빛나는 시간의 정신

맛있는 음식 조리처럼
훌륭한 인재도 성장도
오직 기다림에 있는 것

주역시편
―천수송天水訟

저 홀로 푸른 하늘
시퍼렇게 날 세운 물

맞추어 조화롭지 않은
완강한 뜻과 험난한 기세

서로 다른 길 가는
어긋남과 반목의 다툼
스스로 불붙는 재앙

마음 가라앉혀
경전 다시 읽으며
쉬이 소송하지 말 것

막다른 골목 다다라
시시비비 가려야 할 때도
우선 양보하고 볼 것

주역시편
―지수사地水師

땅은
만물생성의 자궁
물은
자궁율동의 씨앗

땅 아래 고인 물
많은 사람 모여
집단 이룸의 의미

최초의 전쟁은 식량
싸움 위한 모임은 군대

집단지휘의 장군은
용장 지장보다 덕장
그 냉철한 공명정대

주역시편
―수지비水地比

위에는 물 아래는 땅
땅 위에 넘쳐흐르는 물

물은 낮은 곳으로 모여
도랑 지나 냇물 이룸은
뜻을 같이하는 사람들
그 끈끈한 동지애와 결속

'수지비'는
협력과 친화라지만
남 이해하기 위해서는
나 자신 알기 먼저

먼 길 돌아
자기성찰 치른 후
도도히 흘러가는 물

주역시편
―풍천소축風天小畜

흐린 하늘 헤치며
불어 닿는 바람

하늘은 우주의 본연
바람은 하늘 뜻 따라
이동하는 힘의 원천

빽빽한 구름사이
떨어지는 생명의 빗발

지상 귀한 빗물의 저장
고여 모인 저축의 의미

검소와 절약마저도
이미 하늘의 뜻

떨어지는 한 방울의 물
오롯한 빗물의 가치

주역시편
―천택리 天澤履

푸르른 하늘
새파란 연못
하늘 아래 저수지

뚜렷한 상하분변
지엄한 하늘의 뜻
따르고 밟음의 실천

제대로 다가감은
언제나 머리 숙이는
예절의 실행

교만한 부자보다
가난한 예의의 발끝

주역시편
— 지천태 地天泰

따사로운 봄날
완벽한 조화의 음양
새로운 질서의 창조

아래의 천기는
본연인 위로 향하고
제자리로 내려오는
상위의 지기

막힌 담장 꿰뚫는
푸르른 소통의 바람

새소리 벌레소리
모두 사랑의 화음

잎새마다

싱그러운 가을
기약하는 실과의 눈

주역시편
― 천지비 天地否

하늘의 억누름
숨죽인 땅의 곤혹

속은 부드럽고
겉만 강하고 사나움
사귀지 못함의 천지
불통하는 만물

아닌 길 행하여
구부러져 바름 없고
옳고 큰 것 버리고
취함은 왜곡과 작은 것

남 탓뿐 자신은 몰라
갈린 뜻 타협 없음은
아래 위 꽉 막힌 고집

주역시편
― 천화동인天火同人

위에는 하늘이 밝고
하늘 아래 타오르는 불

환하게 온 세상 비추는 그 불길
마음을 같이하여 모여드는 사람들
'동인'은 숨김없이 모두 드러내는 것
넓은 들판으로 푸르게 이루어 가는 것

하늘 아래 형형하게 빛나는 눈길
함께한 사람들 손잡고 나아갈 때
깨달음으로 밝아오는 불빛 속으로
스미는 하늘의 뜻, 저 투명한 계시

'동인'은 신성한 공간, 지란의 원형
그 향긋함이 이루어내는 거룩한 말씀
마음의 문 활짝 열어 공명의 폭 넓힐 때
굳건한 유대 속 샘처럼 솟아나는 의리

마음속의 적이 무엇보다 무서운 것
이상적 대동 사회, 꿈꾸는 화이부동
경건한 하늘 저 아득함을 향하며
'동인'은 뜻 실천하는 열린 마음

주역시편
―화천대유 火天大有

하늘까지 치솟는 빛나는 불길
온 세상 어두운 곳 환하게 밝히며
하늘 위에 드높이 떠오르는 태양

한없이 퍼져나가는 저 빛줄기의 힘
'대유'는 천하 모두 소유함의 의미
햇살이 세상 만물 고루고루 비추듯
따스한 어루만짐, 공익 베푸는 마음

세상 감싸 안은 크나큰 소유도
모두 함께할 때 이루어지는 것
'대유'는 세상을 뒤덮는 거대한 불
그 불길 하늘 가득 충만하였나니

하늘빛의 원리, 깊디깊은 시간의 정신
순수생명의 근원, 뻗어가는 시간의 뿌리

'대유'는 스스로 돌아보는 지혜의 불
뜨거운 하늘의 명령 좇음의 순리

주역시편
―지산겸地山謙

높은 산이 땅속에 파묻힌 모습
밑바닥에 감춘 험난한 어려움은
스스로 한없이 아래로 낮추는 형상

하늘 향하는 계단 여럿이라지만
첫째 둘째 셋째 계단들 모두 겸손
오만으로는 그 언저리도 밟을 수 없어
무엇보다 우선 내려놓아야 하는 욕심

'겸'은 가득 차 많은 것 덜어
모자라고 적은 것 도와줌의 뜻
저울질의 비롯함이 베풂에 있다면
'겸'의 뜻은 공평을 지향해 가는
사심 없는 진정한 저울추의 이치

부드러움 속 따스한 감화의 위력
천지는 말없는 글자로 표현된 경전

'겸'은 천지의 경전 향하는 경외심
소금의 짠맛 잃지 않음과 같은 것

진정한 용기는 자연 그대로의 겸손
'겸'은 낮추어 아래로 향하는 용기
계산된 실천은 욕심의 다른 표현일 뿐
'겸'은 배려로 우려내는 참된 빛남

주역시편
―뇌지예雷地豫

우레 소리 진동하며 쏟아지는 폭우
오래 메말랐던 대지, 흠뻑 적시는 단비

순식간에 이루어지는 눈부신 질서
'예'는 땅속으로부터 떨쳐 나오는 우레
우레는 불현듯 깊은 지하까지 꿰뚫어
생기 잃은 지중생명까지 모두 되살리나니

'예'는 감사함과 즐거움 이룸의 의미
가진 자 겸손한 마음으로 고루 베푸는 기쁨
내 것이 내 것 아닌 것이 진정한 무소유
선행 베풀면 집안에 반드시 경사 있을지니

즐거움 뒤에는 근심 따르기 마련인 법
유혹에 빠지지 않고 몸 바르게 중용 지켜
위로만 살피지 말고 아래와 옆도 바라보는 안목

겸허히 스스로 능력 기르면 함께할 벗 찾아올지니
'예'는 이미 준비되어 있는 질서창조의 원리

주역시편
—택뢰수澤雷隨

하늘을 진동시켜야 할 우레가
심연 속에 잠긴 채 부글대지만
선명하게 드러나는 물무늬마다
더욱 깊은 하늘 뜻 드리웠나니

'수'는 엄정한 시간의 정신
시간의 본성을 꿰뚫어 나아가는 것
스스로의 독선과 주장 버릴 때
진정한 참과 거짓 구별되는 법

철이 든다는 뜻도 자연의 질서
'수'는 마음속 욕심 버리는 일
강물이 머나먼 바다로 가기 위해선
스스로의 물살부터 버려야 하는 것

지난 멍에에 발목 잡힌 채
마음 쏟으면서까지 줄달음치지 말라

따르는 행위 '수'도 그 동기는
드러내지 않는 마음에서 비롯되는 것

말이 마음 자취라면 행위는 마음 표출
연못 속에 가라앉아서 웅얼대는 우레
'수'는 마음 굳게 묶는 의지의 모습
하늘의 심장에 투영된 정신의 눈썹

주역시편
―산풍고山風蠱

산 아래 머물러 있는 바람
나아갈 길 가로막는 산등성이
자칫 머물면 혼탁해지는 법

'고'는 벌레 생긴 음식
말없이 남들 따르기만 하면
다만 편안한 것 즐기기만 하면
갈 길 잃고 혼란에 빠지는 것

'고'는 타락하고 혼란함
즉시 바로잡아야 하는 허물
더없이 좋은 것도 세월 지나면
변질되고 문란해지는 것

'고'는 강한 것 올라가고
약하고 부드러운 것 내려오고
그리고 끝내 공손하게 멈추는 것
세 사람 중 한 분 스승 있는 법

산처럼 흔들림 없는 위엄과
바람처럼 부드러운 포용력의 의미
아비와 자식은 끊이지 않는 밧줄
아비의 끝은 새로운 자식의 시작

주역시편
— 지택림地澤臨

땅속에 갇혔던 물줄기
지상으로 솟아나는 모습

위로부터 진리의 빛
'림'이 다가와 비칠 때
쌓은 덕 함께 이끌어 가리니
땅 위 온 세상 기쁨 넘치는
희망찬 상생세계 노래하리라

얼어붙은 땅 속에서 꿈틀대는 섣달
이제 다가오는 새해를 맞아야 할 때
낡아 부패하고 정체된 세상
개혁하여 발전기운 솟구치게 하라

차분하게 지난날 정리하면서
진리의 향기로 감동시키는 힘
새 술은 새 부대에 담아야 하나니

'림'은 새로운 시작을 준비하는 것

아는 것은 터득이 아니라 반성하는 일
반성을 통하여 다시 새로이 태어나는 일
높은 천명 깨닫는 것은 사람의 몫일 뿐
결코 하늘의 책임과 사명감이 아닌 것

삶을 한없는 고통의 바다라고 해도
참된 가르침은 포용과 기쁨이어야 하고
잘못의 깨달음도 스스로 허물 씻게 하는 것
'림'은 군림이 아닌 아랫사람 섬기는 일

주역시편
── 풍지관風地觀

위는 바람
아래는 드넓은 대지
땅 위로 바람이 부는 것은
새로운 변화 알리려는 일렁임

'관'은 변화 살펴봄이고
스스로의 확고한 주관이며
냉철한 관찰과 판단의 원리

거친 바다 나침반 없이 향하지 말고
한 발짝 물러나 내면까지 살펴 관조하라
변화의 어수선함에 쉬 부화뇌동 말라

'관'은 캄캄한 밤하늘 날면서도
세상을 훤히 꿰뚫어보는 새의 눈빛
하늘 뜻 깨달음은 손과 마음 씻는 일
깨끗한 마음속 깊은 곳 들여다보는 일

펄럭이는 바람에도
흔들림 없는 하늘의 눈썹
하늘은 보심으로 사람 살피고
들으심으로 사람 일 헤아려 들음

'관'은 마음의 눈으로 세상 보는 일
짧고 편협한 시각으로 관찰함은 금물
끊임없이 바람 일으키는 하늘 원리 살펴
삶의 가지런함으로 가르침 베푸는 일

주역시편
― 화뢰서합火雷噬嗑

불과 우레 함께 천지진동
번개 우레는 준엄한 법령
어금니 깨물듯 과감한 결단

씹을 때 저절로 '서합'되는 것처럼
윗니 아랫니 꽉 맞물려 조화 이루듯
'서합'은 음식 잘근잘근 잘 씹음이고
우레 번개는 무섭고 날카로운 경고

깜짝 놀라게 하여 만물 소생시키는
저 엄격하고 단호한 우레의 역할처럼
빛나는 태양, 공명정대한 법전의 정비

씹을 때도 강한 것 부드러운 것 있어
단단한 것 위로 올라가면
걸러진 것 아래로 떨어지는 법
움직임 속의 우레 번개는 눈부신 결단

생존의 음식 씹어 삼키듯
'서합'은 세상 범죄자의 의미
급한 음식 체하듯 일에는 순서 있는 법
우레의 위엄과 눈부신 태양의 공정성
엄정 형벌 다스림 후 화합되나니

주역시편
―산화비山火賁

산 아래 불붙음은 해 기울며
저녁놀 황혼으로 타오름의 의미

'비'는
아름답게 꾸밈의 뜻
여자는 머리에 꽃으로
남자는 가슴에 조개껍질 장식하였다네

인문은 천문이고
천문은 인문으로 밝혀내는 것이지만
천문이 아니라면 인문은 한갓 물거품
발뒤꿈치처럼 간결하고 소박한 꾸밈

자칫 사치는 방종을 부르나니
아름다움의 추구도 지나치지 말라
'비'는 잔잔한 마음의 아름다움
진흙 속에서 꽃피우는 연꽃

'비'는 빛나는 무색
거짓 채색의 화려함보다
꾸밈없는 순연한 아름다움
덕지덕지 화장보다 민낯의 미소

참 아름다움은 그 자체의 소박함
불의 밝음 앞에 어둠 뒷걸음치듯
진실 앞에 거짓 꾸밈은 소용없는 법
꾸밈을 버리면 허물마저 없다네

작품해설

깨달음과 실천궁행의 길

황선열(문학평론가)

1. 전통 서정시의 길

시는 어디에서 출발하는가? 시의 근원을 말한다면 모든 시는 서정시라고 할 수 있다. 시에서 주관의 정서를 풀어내지 않은 시가 어디 있는가? 그렇기 때문에 모든 시는 서정시라고 할 수 있다. 그러나 그 서정시에 기교가 너무 많이 들어가거나 기교가 넘치면 기이한 시로 나아갈 수 있다. 오정환 시인은 철저한 서정 시인이다. 그것도 동양의 전통 서정시의 방법론을 고수한 서정 시인이다. 그는 등단 이후 줄곧 서정시만을 썼고 서정시만을 고집하면서 시적 방법론을 모색했다. 오정환 시인은 그야말로 서정시의 근본을 오롯하게 지켜온 시인이었다. 숱하게 많은 시인들이 자신들의 시적 지평을 확장하고 넓혀나가는 과정 속에서 변화를 거듭해 나갔지만 오정환 시인만은 오직 서정시만이 시라고 고집해왔다. 그는 가볍게 쓴 시들을 철저히 비판하고, 시를 함부로 짓는 일을 거부해왔다. 1981년 등단 이후 36년 동안 시작 활동을 하면서 네 권을 시집을 낸 그야말로 과작(寡作)의 시인이었다.

오정환 시인은 유협이 말하고 있는 것처럼, "글자체의 가치를 제대로 깨닫지 못했다면, 글자를 단련시키는 방법을 정통하게 이해하지 못한 것"[1]이라는 문자의 가치를 제대로 이해하고 시를 썼다. 그는 전통 서정시에서 강조해온 문자의 단련에 누구보다 철저했고, 낯선 시어를 사용하거나 너무 가볍고 쉬운 시어를 써서 시적 경지를 조악(粗惡)하게 만드는 것도 배제했다. 시어의 단련을 통해서 고결(高潔)함을 지향하고, 공부를 통해서 사물의 내면을 들여다보면서 깊은 사유의 세계로 나아갔다. 그는 동양시론에서 말하는 시적 내용에 의거해서 신기한 표현을 버리고, 이를 통해서 문자를 바르게 사용하기 위해 힘썼다.[2] 시어의 단련은 탁마(琢磨)의 자세를 말하고, 문자를 바르게 사용하는 것은 인격의 수양이다. 시인의 덕목 중에서 가장 중요한 덕목이 수양의 자세에 있다고 한다면, 오정환 시인이야말로

---

[1] 値而莫悟, 則非精解.(유협 저 황선열 역, 『문심조룡』 신생, 2018, 425쪽)

[2] 依義棄奇, 則可與正文字矣(유협 저, 앞의 책, 426쪽).

시의 방법론으로 전통 서정시의 방법을 선택했고, 스스로는 인격 수양의 길로 나아갔다고 할 수 있다. 끊임없는 자기 수양의 자세는 생애의 마지막 순간까지 붙들고 있었던 「주역시편」에서 고스란히 드러나고 있다. 오정환 시인의 「주역시편」은 삶과 죽음의 경계를 넘어서 그의 시가 지향하는 궁극의 세계를 잘 보여주고 있다. 죽음을 예감한 「이슬」을 떠올려 보면 그의 시는 작고 소소한 일상으로부터 건져 올린 주옥과 같은 시편들이라고 할 수 있다.

2. 깨달음의 길

워낙에 과작(寡作)의 시인인지라 남아 있는 작품이 많지 않을 것이라고 생각했는데, 이번에 유고시집을 묶어내면서 살펴보니 꽤 많은 작품이 남아 있었다. 유고시집에 남아 있는 작품을 따라 읽어보니 여전히 그의 시는 서정의 세계를 굳건하게 견지하고 있었다. 사물에 대한 깊은 사유의 세계는 그의 시에서 만날 수 있는 중요한 장점이다. 그의 시는 순수 서정의 세계를 추구하는 시들이 대부분이며, 그 중에서 사물을 맑은 정신으로 바라보고, 자신의 주변에 펼쳐지는 풍경의 세계를 순수한 마음으로 받아들인다. 자본과 권력으로 혼탁한 세계에 이슬방울과 같이 맑은 시심을 보여주고 있다. 어른이 되고 늙어가면서 순수한 심성들은 사라지게 마련인데 그의 시에서 만나는 맑은 정신은 서정의 깊이를 더하고 있다.

> 어스름 속에 창을 열면
> 결 곱게 밝아오는 가지 사이
> 둔덕마다 풀씨 하얗게 피워 올리는
> 푸르디푸른 봄날 아침
> 새로이 눈뜨는 채색의 나날
>
> 가녀린 연둣빛 잎새
> 몇 날 며칠 쏟아부은 빗발
> 낮은 물소리의 싱그러움 속
> 나른한 햇살 부스러기
> 제 홀로 언덕 거슬러 넘어가는
> 저 하얗게 반짝이는 길
>
> ―「봄날」 전문

이 시를 읽으면 봄날의 싱그러움을 한껏 뽐내고 있는 장면이 살며시 다가온다. 이 시의 색채이미지는 흰색, 푸른색, 연둣빛이 있으며, 이들 색채들은 하나같이 밝고 화사하다. 이 시의 시어들은 대부분 섬세하고 가늘고 부드럽다. 이 시는 시어뿐만 아니라, 주변의 풍경까지도 봄의 기운에 흠뻑 젖어들게 한다. 결 고운 가지, 하얀 풀씨, 가녀린 잎새, 낮은 물소리, 나른한 햇살과 같은 풍경에서 봄날의 기운을 섬세하고도 부드럽게 어루만지고 있다. 이 시는 봄날의 밝고 건강한 이미지를 시적 표현 방식과 시어 선택을 통해서 순수 서정시로 형상화하고 있다. 그가 표현하고 싶은 봄날의 이미지는 "저 하얗게 반짝이는 길"이라는 시행에 집약되어 있다. 흰색은 허물이 없는 색이다. 그것은 바탕이 되는 색이고, 모든 색채를 채색할 수 있는 근원이 되는 색이다. 그는 봄날의 이미지를 순수한 마음으로 받아들이고 있으며 그것은 흰색의 순수성으로 형상화하고 있다.

「순금」에서도 맑은 근원을 지향하려는 화자의 의지를 잘 보여주고 있다. 도금을 하지 않는 순금은 어떤 것일까? 불순물이 섞이지 않은 것을 순금이라고 한다. 순금과 같은 맑은 상태는 "맑게 닦인 거울일수록/ 온 세상 때 먼지 감출 수 없다"라고 말한다. 맑을수록 혼탁함이 드러나는 법이고, 순금일수록 불순물을 구별할 수 있는 척도가 되는 것이다. 순수한 세상의 균형을 이룰 수 있는 잣대는 순금과 같은 맑은 정신에 있다는 것이다. 사납고 용맹스러운 짐승은 머물 때도 발톱을 세우고 "아름다운 나무 그늘마저 짙푸르다"고 한다. 평상심이 순수한 마음 그 자체이고, 아름다움은 어디에서도 빛이 나는 법이다. 그는 순수한 세계를 온 세상을 비추는 거울로 보고, 그 순수한 서정의 세계야말로 세상의 먼지들이 어떤 것인지를 알게 한다고 말한다. 이러한 순수의 세계를 지향하려는 화자의 의지는 「쇠[金]」라는 시에서는 "어둠 속에 던져도 빛을 발하며", "반짝이는 눈, 야광생물처럼/ 살아있는 금"으로 나타난다. 순도 99.9 퍼센트의 금, 단단하고 강철이 되는 무쇠와 같은 변하지 않은 정신이 그가 지향하는 순수의 세계이다. 그 순수의 세계는 「고요한 물」에서는 정화수 한 사발 떠놓는 "한결 출렁임도 없는" 잔잔한 어머니의 마음 자락으로 나타나기도 한다.

    한 잔의 차가운 물
    단순한 목축임만일까

    푸르른 하늘 뜻을 따르는
    저 순천한 강물도, 바다도
    끊임없이 소리쳐 외쳐대는 폭포도
    창문에 쏟아지는 소나기도
    비 그친 후 한 방울씩 듣는
    낙숫물 소리에도

    해독할 수는 없지만
    경건한 독경소리 스며있는 건 아닐까

    바람에 일렁이며 햇살 받아 반짝이는
    저 황금빛 그림 글씨
    심오한 깨우침의 경전 아닐까
                        —「물의 경전」 전문

그의 시에서 물은 일종의 종교적 세례의식과도 같은 순결함이 있다. 낮은 곳으로 향한다는 노자의 철학을 담고 있으면서도 그 물은 이른바 깊은 사유의 세계로 이끄는 소재가 된다. 그의 시에서 물에 대한 사유는 이미 시집 『노자의 마을』과 『물방울의 노래』에서 보여주고 있지만, 그 사유의 확장은 이번 유고시집에서도 여실히 드러나고 있다. 「폭포」에서는 "버려야 할 것/ 모두 버려 버리는 단호한 기세"로 나타나기도 하고, 「강물」에서는 "눈물같이 이어온 인생"을 부둥켜안는 "더없이 넉넉한 가슴"으로 형상화되기도 한다. 「물의 경전」에서 물은 시의 제목과 같이 경전(經典)으로 통한다. 경전은 변하지 않는 원리를 담은 책이며, 씨실과 날실이 완벽한 조화를 이루어서 전범(典範)이 될 만한 책이다. 물이 경전이라는 말은 물이야말로 세상의 변하지 않는 근본을 이루는 것이라는 말이다. 그의 시에서 물은 순수하고 맑은 정신세계를 상징하기도 하고, 올곧고 힘찬 기세를 의미하기도 하고, 모든 것을 끌어안는 넉넉한 가슴을 말하는 것이기도 하다. 그야말로 물은 세상 만물의 척도가 되는 저울이라 할 수 있다. 그 저울은 순수한 서정을 바탕으로 하고 있다. 물은 불순한 것을 가늠할 수 있는 잣대라 할 수 있다.

그의 시는 이러한 순수한 서정을 바탕으로 사물을 바라보고 관찰하고 내면화하고 있다. 그는 사물과의 동일시의 차원을 넘어서 그 사물을 통해서 깊은 사유의 세계를 보여주고 있다. 「길」에서 "어둡고 추운 혜안慧眼의 길"을 찾아가는 길을 형상화하기도 하고, 「유리창」에서 안과 밖이 소통하는 길이 무엇인지를 유리창이라는 사물을 통해서 형상화하기도 한다. 이와 같이 그의 시는 사물에 대한 사유를 바탕으로 삶의 의미를 이끌어내고 있으며, 그 사물의 순수한 속성이 무엇인지를 발견하려고 노력하고 있다. 그의 시에서 사물들은 모든 만물의 바탕이라고 할 수 있는 흰색의 무구한 세계를 상징하고 있다.

이러한 사유의 깊이는 사물에만 국한된 것이 아니다. 그는 시를 통해서 우리가 살아가는 삶의 모든 것들에 대해서 사유하고 있다. 그는 사물을 보는 순수한 정서를 바탕으로 해서 삶의 근원을 탐색하고 있다. 유고시집에 실린 시들 중에는 삶에 대한 진지한 물음뿐만 아니라 삶에 대한 깨달음을 보여주기도 한다. 순수 서정의 세계를 통한 사유의 깊이를 보여주는 시들은 대개 삶의 철학이 담긴 시들이라 할 수 있다.

세상 보기 좋고 고운 것들
사실, 더럽고 추한 것이라네

진정한 있음과 없음도
쉬움과 어려움의 분별分別도

길고 짧음, 높낮이도 불명不明일 뿐

악음樂音도 소음 있어 화음和音 되고
앞과 뒤마저 끝없이 연이은 관계
함부로 구분區分지을 수 없는 것

오로지 무위無爲로써
나서지도 말하지도 말고
이루어도 가지거나 기대지 말고

떠남 없이 다만 머물러 있는 것
머무름! 아, 머물러 있음이여

—「머무름」 전문

 이 시는 머무른다는 것이 무엇인지에 대해서 생각하고 있다. 아름다움과 추함, 있음과 없음, 길고 짧은 것, 높고 낮은 것, 화음과 불협화음은 모두 분별과 구분으로 이루어진다. 이 불분명한 경계는 인간의 인식 체계 안에서 존재하는 것이다. 이 인식의 구분이 없는 무위(無爲)의 상태에 이르게 되면, 머무름만 존재한다. 동양 문예미학에서 머무름의 상태를 응려(凝慮)라고 말한다. 응려는 생각의 꼬투리들이 서로 엉기어져서 그 사유가 끝없이 나아가고 있는 것을 말한다. 응려의 상태에서는 그 사유의 세계가 천년의 세월을 훌쩍 뛰어넘어 가기도 하고, 판단과 해석의 방식을 초월하기도 한다. 머물러 있는 상태에서는 구분과 분별이 없다. 오로지 무위만으로 말할 수 있을 뿐이다. 이 때문에 머무름은 함축(含蓄)의 사유 방식을 말하는 것으로 여기서 함축이란 쌓여서 머금고 있는 상태를 의미한다. 응려와 함축의 사유 방식으로 세상을 바라보면 경계의 구분이 사라지게 된다. 이 시를 통해서 그는 머무름의 순수한 상태야말로 순수한 삶의 길을 찾아가는 길이라고 말하고 있다.

> 완전히 가득 찬 것
> 빈 듯하지만
> 그 쓰임에 끝이 없다
>
> 완전히 곧은 것 굽은 듯하고
> 완전한 솜씨 서투르게 보이고
> 훌륭한 웅변 눌변으로 들린다
>
> 서성임은 추위를 이기고
> 고요함은 더위를 이긴다
>
> 맑고 고요함! 이것이야말로
> 세상의 표준標準이다
>
> ―「고요함」 전문

오정환은 '참된' 시인으로 한 평생을 살다가 갔다. 동양 문예미학에서 참된 시인이 되는 길은 성인(聖人)이 되는 길이라고 했다. 말 그대로 시인은 인격을 수양하여 성인의 길에 이르는 사람을 말한다. 이 때문에 동양 문예미학에서 말하는 참된 시는 언어의 탁마에도 있지만 무엇보다 시인의 정신 수양도 중요하게 생각했던 것이다. 인용한 시는 고요함이라는 화두를 놓고 사색한 것을 시로 형상화한 것이다. 이 시는 마치 고요함에 대해서 깨달은 사람의 오도송(悟道頌)같이 읽힌다. 완전히 찬 것은 쓰임이 무궁하지만 이 세상의 모든 것은 완전한 것이 없다. 완전히 곧은 것 같지만 사실은 굽어 있는 것이고, 완전한 솜씨를 자랑하지만 그 안에는 서투름이 있다. 완전한 것은 오직 맑고 고요한 것일 뿐이다. 세상의 표준이 되는 것은 청정(淸靜)일 뿐이다. 청정이야말로 무구(無垢)를 추구하는 바탕이 되지 않는가! 이 청정무구에 대한 깨달음은 주역의 사유에 근원을 두고 있다. 시 제목 자체를 「깨달음[道]」이라고 명명하고 있는 시에서는 "저 부드러운 빛의 티끌" 속에 있는 "더없이 깊고 고요한 존재"를 불러들이면서 그 깊고 고요한 존재야말로 하느님보다 먼저 존재하고 있다고 말하고 있다. 「소용[所用]」에서는 "전혀 아무것도 없는 것은/ 절실한 소용所用이 되는 것이다"라고 전제하면서 소용되는 것과 소용되지 않는 것, 있음과 없음의 차이가 없다는 깨달음으로 나아가고 있다. 있음과 없음의 경계를 초월하면 그 차이가 없다는 것을 깨닫게 된다. 그는 사물의 근원을 탐색하면서 삶의 의미를 생각하고, 세상에 대한 철학적 사유를 통해서 깨달음에 이르고자 하였다.

그의 시에서 깨달음에 이르는 길은 순수한 정서를 바탕으로 한 정신의 수양에 있다. 이 때문에 그는 천상 시인의 길을 걸었던 시인이고, 이런 관점에서 그는 동양 문예미학에서 말하는 전통 서정시의 지론(至論)을 실천한 참된 시인이라고 할 수 있다. 사물을 바라보는 사유의 깊이를 통해서 그는 삶의 궁극에 이르고자 하였다. 이것이야말로 오정환 시의 근본이고, 마지막에 닿는 지점이다. 그는 결국 "유상무상 모두의 모습들 그들의 실상이/ 왔던 곳으로 돌아가고 있는 몸짓"(「되돌아가는 것」)이라는 삶과 죽음의 경계를 초월하고 있다. 그는 어디로 되돌아간 것일까?

3. 실천궁행의 길

오정환의 시들 중에서 죽음의 직전까지 붙들고 있었던 시들은 「주역시편」이다. 「주역시편」 연작은 사유의 깊이와 함께 인격의 수양에 이르는 길을 모색하는 전통 서정시의 방법을 잘 보여주고 있다. 『주역(周易)』은 그 자체가 비유와 함축, 그리고 상징 기호로 이루어져 있으니, 그 해석이 천차만별일 수밖에 없다. 그러나 『주역』에 대한 천차만별의 해석도 궁극의 지점에서는 하나의 원리로 통해 있다. 그 하나의 원리는 우주의 질서에 따르는 자연의 흐름에 있다.

오정환 시인이 말년까지 붙들고 있었던 화두는 『주역』을 통해서 세상을 바라보는 것이었다. 그는 『주역』의 무궁한 세계를 시적으로 형상화하려고 했다. 『주역』의 상징체계는 비유와 함축을 내포하고 있기 때문에 그 자체가 시라고 할 수 있다. 그런데 이 상징체계를 풀어쓴다는 자체가 상징체계를 또 다른 상징체계로 바꾸는 것에 불과하기 때문에 그다지 의미가 없는 작업에 불과할지도 모른다. 그러나 그 상징체계를 세상을 운용하는 데 적용해야할 필요가 있거나 산문으로 풀어쓴 그 상징체계를 시적 비유의 방식으로 해석해야할 필요가 있을 때에는 『주역』을 시편으로 정리하는 것도 의미 있는 일이라고 생각할 수 있다. 이는 박제천 시인이 오랫동안 장자시편을 통해서 장자의 사상을 시로 풀어쓰면서 장자의 사유방식을 또 다른 방식으로 보여주고 있는 것과 같은 것이라고 할 수 있다. 이 때문에 장자를 새롭게 접근하는 방식이나 『주역』을 새롭게 접근하는 방식은 새로운 시적 대응방법이라 하지 않을 수 없다. 오정환의 「주역시편」은 그런 점에서 서정시의 또 다른 영역을 개척한 것이라고 할 수 있으며, 새로운 시적 방법을 찾아가려는 시인의 지난한 노력의 결과라고 할 수 있다.

『주역』은 『역경(易經)』의 상징체계를 해석한 것을 말한다. 『역경』은 우주 만물의 원리를 상징과 비유의 방식으로 설명한 책이다. 역(易)은 도마뱀의 형상을 본뜬 것이다. 어떤 도마뱀은 열두 가지의 색으로 몸을 변화시킨다고 하는데 『주역』은 변화무쌍한 해석이 가능하다는 뜻을 지니고 있다. 『주역』의 괘는 태극으로부터 음과 양의 기호가 만들어지고, 이 음과 양의 기호가 다시 합쳐져서 사상(四象)을 이룬다. 사상이 또 조합되어 팔괘의 형상이 만들어진다. 이 팔괘의 형상이 합쳐져서 64괘가 이루어진다. 효(爻)가 합쳐지면서 괘라는 상(象)을 만들고 이 상은 더 많은 상을 만들어내고 그에 대한 해석은 무궁한 변화를 거듭한다. 그 거대한 변화의 원리는 직선 위를 굴러가는 둥근 원의 한 점이 동일한 위치에서 만날 수 없는 것처럼 각기 다르게 해석되면서 변화한다. 『주역』은 괘의 상징체계를 풀어쓴 것이다. 역(易)은 변화무쌍한 해석이 가능하다는 뜻을 지니고 있다.

이 상징체계의 무궁한 변화의 원리는 『주역』을 이루는 근원이 된다. 『주역』 64괘의 상징체계는 자연의 원리, 사람의 운명, 우주의 생성 원리에 적용되면서 변화무쌍한 해석을 가능하게 한다. 오정환 시인은 이 64괘 중 스무 개의 괘를 『주역』의 해석을 바탕으로 해서 시로써 형상화하고 있다. 그는 스무 개의 괘를 인간의 윤리관에 비추어서 설명하면서 이를 통해서 사람들이 지향해야 하는 삶의 가치가 어떠해야 하는지를 보여주고 있다. 이 때문에 오정환 시인의 「주역시편」은 그의 삶을 들여다보는 중요한 열쇠가 될 수 있을 것이다. 먼저 『주역』64괘와 그 괘가 상징하는 뜻이 무엇인지를 살펴보기로 하자.

　1. 건(乾) 건위천(乾爲天:차면 기울어질 징조), 2. 곤(坤) 곤위지(坤爲地:어머니인 대지), 3. 둔(屯) 수뢰둔(水雷屯:태어나는 괴로움), 4. 몽(蒙) 산수몽(山水蒙:세상 물정을 모르는 아이), 5. 수(水) 수천수(水天需:인내하고 자중하다), 6. 송(訟) 천수송(天水訟:싸움은 물가까지), 7. 사(師) 지수사(地水師:싸우는 길), 8. 비(比) 수지비(水地比:인화), 9. 소축(小畜) 풍천소축(風天小畜:강한 것을 누르는 도), 10. 이(履) 천택리(天澤履:호랑이 꼬리를 밟는다), 11. 태(泰) 지천태(地天泰:상하가 화합, 태평한 길), 12. 비(否) 천지비(天地否:시대 봉쇄현상), 13. 동인(同人) 천화동인(天火同人:벗을 구하여), 14. 대유(大有) 화천대유(火天大有:한낮의 태양), 15. 겸(謙) 지산겸(地山謙:익을수록 고개를 숙이는 벼이삭), 16. 예(豫) 뇌지예(雷地豫:환락의 공과 죄), 17. 수(隨) 택뢰수(澤雷隨:무엇을 따를까), 18. 고(蠱) 산풍고(山風蠱:전화위복), 19. 임(臨) 지택림(地澤臨:세상에 임하다), 20. 관(觀) 풍지관(風地觀:사물의 관찰에 대하여), 21. 서합(噬嗑) 화뢰서합(火雷噬嗑:연대를 저해하는 것), 22. 비(賁) 산화비(山火賁:문명과 퇴폐), 23. 박(剝) 산지박(山地剝:스며드는 위기), 24. 복(復) 지뢰복(地雷復:일양래복), 25. 무망(无妄) 천뢰무망(天雷无妄:흐르는대로), 26. 대축(大畜) 산천대축(山天大畜:막대한 축적), 27. 이(頤) 산뢰이(山雷頤:기르는 도), 28. 대과(大過) 택풍대과(澤風大過:과중한 임무), 29. 습감(習坎) 감위수(坎爲水:난이 지난 뒤 또 난이 닥친다), 30. 이(離) 이위화(離爲火:정열을 따라서), 31. 함(咸) 택산함(澤山咸:마음의 교류-연애), 32. 항(恒) 뇌풍항(雷風恒:변화없는 생활-결혼), 33. 둔(遯) 천산둔(天山遯:일보후퇴), 34. 대

장(大壯) 뇌천대장(雷天大壯:싸움의 헛됨), 35. 진(晋) 화지진(火地晉:아침해가 솟아오른다), 36. 명이(明夷) 지화명이(地火明夷:고난이 사람을 옥으로 만든다), 37. 가인(家人) 풍화가인(風火家人:집안이 안전하다), 38. 규(睽) 화택규(火澤睽:며느리와 시어머니), 39. 건(蹇) 수산건(水山蹇:나아가지 못하는 괴로움), 40. 해(解) 뇌수해(雷水解:눈이 녹는다), 41. 손(損) 산택손(山澤損:손해보고 얻으라), 42. 익(益) 풍뢰익(風雷益:질풍과 우레), 43. 쾌(夬) 택천쾌(澤天夬:독재자를 단죄한다), 44. 구(姤) 천풍구(天風姤:여왕벌 같은 여자), 45. 췌(萃) 택지췌(澤地萃:사막의 오아시스), 46. 승(升) 지풍승(地風升:뻗어나는 새싹), 47. 곤(困) 택수곤(澤水困:와신상담), 48. 정(井) 수풍정(水風井:맑은 물이 넘치는 우물), 49. 혁(革) 택화혁(澤火革:혁신할 때가 무르익다), 50. 정(鼎) 화풍정(火風鼎:무쇠솥), 51. 진(震) 진위뢰(震爲雷:큰 산이 진동하여 울린다), 52. 간(艮) 간위산(艮爲山:움직이지 않은 산), 53. 점(漸) 풍산점(風山漸:착실한 성장), 54. 귀매(歸妹) 뇌택귀매(雷澤歸妹:올바르지 못한 연애), 55. 풍(豊) 뇌화풍(雷火豊:충족 속의 슬픔), 56. 여(旅) 화산여(火山旅:고독한 나그네), 57. 손(巽) 손위풍(巽爲風:부드러운 바람), 58. 태(兌) 태위택(兌爲澤:화합하니 즐겁다), 59. 환(渙) 풍수환(風水渙:민심이 떠남을 막는다), 60. 절(節) 수택절(水澤節:유혹을 이겨낸다), 61. 중부(中孚) 풍택중부(風澤中孚:지성이면 감천이라), 62. 소과(小過) 뇌산소과(雷山小過:저자세), 63. 기제(旣濟) 수화기제(水火旣濟:완성미), 64. 미제(未濟) 화수미제(火水未濟:유전은 멈추지 않는다)[3]

이 64괘 중에서 그가 쓴「주역시편」은 "수뢰둔, 산수몽,

---

3) 노태준 역, 『주역(周易)』 홍신문화사, 2013.

수천수, 천수송, 지수사, 수지비, 풍천소축, 천택리, 지천태, 천지비, 천화동인, 화천대유, 지산겸, 뇌지예, 택뢰수, 산풍고, 지택림, 풍지관, 화뢰서합, 산화비"로 모두 스무 편이다. 이 스무 편 중에서 『주역』 64괘에 있는 건(乾)괘와 곤(坤)괘는 빠져 있다. 건괘와 곤괘는 역(易)의 근본이면서 정수(精粹)이다. 잘 알다시피 건(乾)괘는 원형이정(元亨利貞)의 원리로 이루어진 항구적인 도를 설명하고 있는 괘이다. 곤(坤)괘는 어머니인 대지를 설명하는 것으로 모든 것을 낳고 길러내는 생명의 원천을 상징하는 괘이다. 「주역시편」을 순서대로 썼다고 한다면, 이 두 괘가 먼저 나와야 하는데, 그의 「주역시편」은 세 번째 둔(屯)괘부터 시작해서 스물두 번째 비(賁)까지 모두 스무 편이다. 건괘와 곤괘는 문언전에 자세히 설명되어 있지만 우주 만물에 해당하는 모든 것의 바탕을 이루는 것이니 굳이 인간의 실천 덕목이라고 말할 수가 없다. 그의 「주역시편」은 우주의 근본 원리를 말하려고 하는 것이 아니라, 인간 삶의 가치와 그 실천의 덕목을 말하려고 했기 때문에 이 두 괘를 뺀 것이 아닌가 생각된다. 이 부분을 제외한 것을 볼 때, 결국 그의 「주역시편」은 인간의 삶과 밀접하게 연관되어 있는 실천 덕목을 강조하고 있다고 말할 수 있다.

   그의 「주역시편」은 시인의 길은 인격을 수양하는 성인의 길이라는 동양의 문학관을 실천하기 위해서 『주역』의 괘를 인간의 덕목에 빗대어서 풀어쓰고 있다. 『주역』에 대한 해석은 워낙 천차만별이라서 각자 다양한 해석이 가능하지만 그는 『주역』의 괘를 인간 가치관의 실현이라고 생각하면서 괘의 형상을 재해석하고 있다. 이러한 해석은 자신의 삶과 가치관을 반영하고 있다. 그 중의 한 편을 살펴보기로 하자.

> 높은 산이 땅속에 파묻힌 모습
> 밑바닥에 감춘 험난한 어려움은
> 스스로 한없이 아래로 낮추는 형상
>
> 하늘 향하는 계단 여럿이라지만
> 첫째 둘째 셋째 계단들 모두 겸손
> 오만으로는 그 언저리도 밟을 수 없어
> 무엇보다 우선 내려놓아야 하는 욕심
>
> '겸'은 가득 차 많은 것 덜어
> 모자라고 적은 것 도와줌의 뜻
> 저울질의 비롯함이 베풂에 있다면
> '겸'의 뜻은 공평을 지향해 가는
> 사심 없는 진정한 저울추의 이치
>
> 부드러움 속 따스한 감화의 위력
> 천지는 말없는 글자로 표현된 경전
> '겸'은 천지의 경전 향하는 경외심
> 소금의 짠맛 잃지 않음과 같은 것

진정한 용기는 자연 그대로의 겸손
'겸'은 낮추어 아래로 향하는 용기
계산된 실천은 욕심의 다른 표현일 뿐
'겸'은 배려로 우려내는 참된 빛남

―「주역시편─地山謙」 전문

이 시는 『주역』의 열다섯 번째 괘인 겸(謙)괘를 쓴 시이다. 이 괘의 하괘는 간(艮)이고, 상괘는 곤(坤)으로 되어 있다. 지산겸 앞의 괘는 대유(大有)괘인데, 대유는 화천대유(火天大有)를 말하며, 그 의미는 하늘에 빛나는 태양과 같은 풍족한 부를 상징한다. 이 화천대유의 다음에 이어지는 겸괘는 풍족한 부를 공평하게 분배한다는 의미가 있다. 이 괘의 대상(大象)은 "높은 산[艮]이 낮은 땅[坤] 위에 있는 형국이다. 군자는 이 괘를 보고 많은 것을 덜어 적은 것에 보탠다. 그리고 사물의 균형을 잘 지켜서 공평하도록 힘쓴다."[4]고 풀이하고 있다. 겸은 자신을 낮추는 것이고, 높은 것을 깎아서 낮은 곳을 채우는 것이다. 겸손과 겸허의 자세로 사물을 대하고 균형을 갖추지 못한 것은 균형을 맞추는 것이다. 겸은 분배를 하기 위한 공평한 저울추와 같은 것이다. 겸이 낮추는 행위라고 한다면 군자의 덕목이 될 수 있고, 오만과 편견에 사로잡히지 않기 위한 균형 잡힌 행동이라고 할 수 있다.

---

4) 노태준 역, 앞의 책, 83쪽.

이 시는 겸괘를 시의 소재로 삼아서 그 괘의 의미를 풀이하고 있다. 먼저 1연은 말 그대로 지산겸의 대상(大象)을 풀이하고 있다. 하괘와 상괘의 모양을 통해서 "스스로 한없이 아래로 낮추는 형상"을 끌어내고 있다. 2연은 이 괘의 각 효(爻)의 형상을 풀이하고 있다. 초음(初陰)과 이음(二陰), 삼양(三陽)의 효를 "하늘 향하는 계단"으로 표현하면서 이 모두가 겸손의 미덕을 갖고 있다고 한다. 그 겸손은 욕심을 내려놓은 데서부터 시작한다고 한다. 겸괘의 효(爻) 풀이는 다음과 같다.

> 초육(初六)에서 겸은 겸손한 군자이니라. 큰 냇물을 건너는 일이 있더라도 길하리라. 상(象)에서 말하기를 겸은 겸손한 군자라 함은 몸을 낮추어서 스스로를 처신하는 것이다. 육이(六二)는 겸이 울린다. 마음을 곧게 가지면 길하리라. 상에서 말하기를 겸이 울리니 마음을 곧게 가지면 길하다 함은 중용의 마음을 얻었다는 것이다. 구삼(九三)에서 겸은 수고로운 군자이니라. 마침이 있어 길하리라. 상에서 말하기를, 겸이 수고로운 군자라 함은 만민이 복종한다는 것이다.[5]

이 풀이에서 겸은 겸손의 미덕이 중요하다고 말하고, 마음을 곧게 가져야 함을 강조하고 있다. 겸손의 미덕은 큰 냇물을 건널 때도 위험이 없다고 한다. 겸손은 자신을 스스

---

5) 初六 謙謙君子 用涉大川 吉 象曰 謙謙君子 卑以自牧也 六二 鳴謙 貞吉 象曰 鳴謙貞吉 中心得也 九三 勞謙君子有終 吉 象曰 勞謙君子 萬民服也(노태준 역, 앞의 책, 84쪽).

로 낮춤으로써 대상을 높이는 행위로부터 나오기 때문이다. 3연부터는 겸에 대한 자신의 생각을 표현하고 있다. 3연에서 겸은 "진정한 저울추"의 의미를 가지고 있다고 말한다. 이 시에서 그는 겸손이야말로 자신을 낮추는 것일 뿐만 아니라, 덜어내고 도와줌으로써 공평을 지향한다고 생각하고 있다. 겸은 사심이 들어있지 않은 순수한 마음으로부터 우러난 저울과 같은 균형을 말한다. 4연에서 겸은 "감화의 위력"을 가지고 있으며, 경전과 같은 것이어서 경외심을 갖게 되는 것이라고 생각한다. 겸의 덕목이야말로 세상의 소금과 같은 것이라고 생각한다. 5연에서 겸은 "진정한 용기"이며, 낮추어서 아래로 향하는 용기라고 한다. 그래서 겸손의 미덕은 "배려로 우려내는 참된 빛남"이라고 말한다. 그의 시에서 풀이하고 있는 겸괘는 『주역』의 해석을 바탕으로 다시 풀이하고 있다. 겸손의 미덕을 배려와 용기라고 보는 것은 겸괘에 대한 새로운 해석이라고 할 수 있다. 겸괘의 전체 형상에 대한 풀이는 다음과 같다.

겸은 군자의 도가 트이는 괘이니라. 군자는 유종의 미가 있으리라. 단(彖)에서 말하기를, 겸은 형통하는 것이다. 하늘의 도는 아래로 사귀어서 밝게 빛난다. 땅의 도는 낮은 데서 위로 올라가는 것이다. 천도(天道)는 가득 참을 덜어서 겸을 보태어주고, 지도(地道)는 가득참을 변하여 겸에 흐르게 한다. 귀신은 가득 참을 해하여 겸을 복되게 하며, 인도(人道)는 가득 참을 싫어하여 겸을

좋아한다. 겸은 높고 빛남이 있어, 낮지만 넘어갈 수 없는 것이다. 군자의 끝마침이다. 상(象)에서 말하기를, 땅 가운데 산이 있는 것이 겸괘이다. 군자는 많은 것을 덜어 적은 것에 보태되, 모든 물건을 다루어 균등하게 베푼다.[6]

『주역』의 원문을 바탕으로 그의 시를 읽으면 어떤 부분이 어떻게 풀이되고 형용되었는지를 알 수 있을 것이다. 『주역』에서는 겸을 형통한다는 뜻의 형(亨)으로 풀이하고 있지만, 그의 시에서는 저울이라는 뜻의 형(衡)으로 풀이하고 있다. 그는 균등하게 베푼다는 의미를 강조하면서 베풂은 용기와 배려로부터 나오는 것이라고 말한다. 『주역』에 나오는 괘의 풀이는 막연하고 애매하게 나타나 있지만, 그의 시에서는 인간의 덕목을 중심으로 서술되고 있음을 알 수 있다. 그의 「주역시편」은 원문의 해석을 바탕으로 괘의 형상을 재해석함으로써 그 의미를 실제 생활의 덕목으로 구체화시키고 있다.

「주역시편-산풍고」는 열여덟 번째 괘이다. 하괘는 손(損)괘이고, 상괘는 간(艮)괘이다. 괘의 형상을 풀이하면 산[艮] 기슭에 바람[巽]이 부는 형국이다. 산풍고는 고(蠱)괘인데, 기물(器物)을 벌레들이 파먹거나 접시에 가득 담

---

[6] 謙亨 君子有終 彖曰 謙亨 天道下濟而光明 地道卑而上行 天道虧盈而益謙 地道變盈而流謙 鬼神害盈而福謙 人道惡盈而好謙 謙尊而光 卑而不可踰 君子之終也 象曰 地中有山謙 君子以裒多益寡 稱物平施 (노태준 역, 앞의 책, 84쪽).

은 음식에 벌레들이 우글거린다는 뜻이다. 말 그대로 부패와 혼란이 일어나는 형국이다. 전체 괘의 상징은 전화위복(轉禍爲福)이다. 고괘는 강(剛:艮)이 위로 향하고, 유(柔:巽)가 아래로 향하기 때문에 서로 교합하지 못하고 부패하고 혼란한 상이다. 그의「주역시편-산풍고」에서는 혼탁해지는 세상의 이치를 제시하면서 편안하고 즐기는 삶이 가져오는 혼란을 경계하고 있다. 그는 고의 괘를 타락하고 혼란한 세상이 도래하였음을 경계하면서 강한 것과 부드러운 것이 조화를 이루어서 "산처럼 흔들림 없는 위엄과/ 바람처럼 부드러운 포용력"으로 새로운 시작을 할 수 있을 것이라고 말한다.『주역』의 고괘가 부패와 혼란을 거쳐서 새로운 시대가 올 것이라고 예견하는 상이라고 한다면 그의 시에서도 이러한 상징은 변함이 없지만, 이 혁명의 기운이 아비와 자식으로 이어지는 세대의 자연스러운 흐름으로 인식하고 있다는 점에서 다르게 읽힌다.

「주역시편-산화비」는 비(賁)괘이다. 이 괘는 아름다운 장식을 의미한다. 하늘의 무늬인 천문(天文)을 상징한다. 아름다운 저녁노을은 아름답지만 몰락 직전의 찬란한 빛을 말한다. 그래서 그는「주역시편-산화비」에서 "진실 앞에 거짓 꾸밈은 소용없는 법/ 꾸밈을 버리면 허물마저 없다"고 말하고 있다. 그는 아름다운 장식 뒤에 있는 "민낯의 미소"를 발견하려고 하고, 꾸밈이 없는 순수의 상태에서 참된 아름다움을 찾으려고 한다. 그 아름다움이야말로 "진흙 속에서 꽃피우는 연꽃"과 같은 것이라 할 수 있다. 꾸밈 자체가 자연스러울 때 인문과 천문의 경계가 사라지는 것이다. 비괘의 아름다움을 그는 간결하고 소박한 꾸밈에서 발견하고 있다.

이와 같이 그의 「주역시편」은 『주역』의 괘를 깊이 사유하면서 인격 수양의 덕목으로 해석하고 있다. 64괘를 인간 생활에 접목해서 해석하고 이를 실천하고 행하기 위해서 시로써 형상화하고 있다. 이 때문에 그의 「주역시편」은 단순히 『주역』의 재해석에 머무르지 않고 그 해석을 통해서 참된 인격 수양의 방편으로 삼고 있다. 그럼에도 불구하고 그의 「주역시편」은 『주역』에 대한 해석을 바탕으로 해서 그 의미를 시로써 형상화하는 데 머무르고 있음을 부인할 수가 없다. 『주역』의 괘를 보다 심도 있게 해석해서 자신의 삶에 녹아냈더라면 『주역』의 본바탕을 뛰어넘는 인문의 시가 나오지 않았을까 한다.

사실 『주역』은 어디에 준거를 두고 해석하고 판단할 것인지에 따라서 다양한 해석이 가능할 수 있다. 괘의 상징성을 자연의 원리에 따라서 해석할 수도 있고, 인간의 통치 원리에 적용해서 풀이할 수도 있으며, 개인의 운명이 나아갈 길에 빗대어 설명할 수도 있다. 이 때문에 『주역』의 괘에 대한 해석과 설명은 다양한 변화의 원리 속에 놓일 수밖에 없다. 이러한 다양성을 벗어나서 그의 「주역시편」이 독특한 의미를 갖기 위해서는 괘의 내용을 육화하고 그 의미를 심층으로 분석한 후에 시로 형상화하는 작업이 있어야 할 것이다. 『주역』의 괘를 인간 수양의 덕목으로 생각하고 그것을 실천궁행하려는 시인의 자세가 앞서면서 그 바탕을 벗어나지 못하고, 우주의 원리를 표방하는 상징의 세계가 좀 더 깊이 스며들지 못하게 되고 말았다. 그가 좀 더 우리 곁에 있었더라면 「주역시편」을 통해서 인간의 근본 문제가 스며든 『주역』의 세계를 만날 수 있었을 것이라는 생각이 든다. 그의 「주역시편」은 괘를 설명하는 시에서 한 걸음 더 나아가 『주역』에 스며있는 오묘한 변화의 원리를 시적으로 형상화하는 작업이 있어야 할 터인데, 이미 시인은 가고 없으니 후대의 시인들이 그 몫을 할 수 있는 날을 기다릴 수밖에 없다.

5. 궁극에 닿는 길

지난 해 겨울 어느 날, 증평 21세기 문학관에서 『문심조룡』 번역 작업을 하고 있을 때였다. 번역 작업이 거의 막바지에 이르렀을 때 작가회의 회원 여러 분들의 부고와 함께 오정환 시인의 부고가 날아 왔다. 부고 소식을 문자로 확인

하는 순간 오정환 시인과 함께 했던 나날들이 머릿속을 스쳐지나갔다. 증평에서 부산까지 조문을 하고 다시 증평으로 돌아오니 밤이 깊었다. 증평의 문학관 앞뜰에는 눈이 소복하게 쌓여 있었다. 그 눈길을 따라서 숙소로 돌아오니 함께 있던 문인들이 모여 담소를 나누고 있었다. 그날 함께 했던 시인 중의 한 분이 시인 한 사람이 이 땅을 떠나는 것은 하늘의 별 하나가 사라지는 것이라고 했다. 떠나간 그 별을 생각하면서 그날은 증평에서 입주 문인들과 함께 오정환 시인을 떠나보낸 슬픔을 나누었다. 장자는 아내가 죽었을 때 바깥에서 동이를 치면서 노래를 불렀다고 한다. 장자는 아내의 죽음을 슬퍼하는 것이 아니라 자기보다 먼저 삶을 초극했으니 그 아내를 위해 축하의 노래를 불렀다고 한다. 그의 유고시집에는 「장자(莊子)의 장례」가 있다. 그는 장자의 죽음과 같이 자신의 몸을 뭇 생명들에게 나누어주었고, 그의 정신은 후배 시인들에게 남기고 갔다. 이번 유고시집에서 읽은 죽음에 대한 사유는 오정환 시인의 삶을 더욱 외경(畏敬)스럽게 한다.

    장자 죽음에 이르러
    제자들 성대한 장례 의논하고 있을 때

    "내 시체를 그냥 산에다 두어라
    땅 위에 버리면 까마귀 솔개가 먹을 것인데

땅속에 묻으면 개미가 먹을 것인즉
모처럼 까마귀나 솔개가 먹게 되어 있는 것을
빼앗아 개미에게 주는 것은
불공평한 처사가 아니냐"

"나는 천지를 관이라 생각하고
해와 달과 별을 구슬로 보고
세상 만물 나를 위한 장식물이라 생각했네
나를 장사 지내는 장식물이야
이 정도로 충분하지 않은가!
더 이상 아무 것도 필요하지 않네"

―「장자莊子의 장례」 전문

오정환 시인은 1947년 부산에서 태어났다. 중앙대학교 문예창작학과와 동아대 대학원 국어국문학과를 졸업하였다. 1981년 ≪한국일보≫ 신춘문예에 「探鑛記」가 당선되었으며, 시집 『맹아학교』, 『물방울 노래』, 『노자의 마을』, 『푸른 눈』과 시평집 『봄비, 겨울밤 그리고 시』가 있다. 부산작가회의와 부산민예총 회장을 역임하였으며, 최계락문학상, 이주홍문학상, 김민부문학상을 수상하였다. 2018년 1월 16일 영면하셨다.

물의 경전

지은이·오정환
펴낸이·원양희
펴낸곳·도서출판 신생
발간위원·강희철, 김남영, 김요아킴, 이은주

등록·제325-2003-00011호
주소·48932 부산광역시 중구 대청로 135번길 5(401호)
w441@chol.com www.sinsaeng.org
전화·051) 466-2006
팩스·051) 441-4445

제1판 제1쇄·2018년 12월 20일

공급처·도서출판 전망

값 12,000원
ISBN 978-89-90944-56-6

*저자와의 협의에 의해 인지를 생략합니다.

이 도서의 국립중앙도서관 출판예정도서목록(CIP)은 서지정보유통지원시스템 홈페이지(http://seoji.nl.go.kr)와 국가자료공동목록시스템(http://www.nl.go.kr/kolisnet)에서 이용하실 수 있습니다.(CIP제어번호: CIP2018039838)

*본 도서는 2018년 부산광역시, 부산문화재단 메세나활성화지원사업(시민크라우드펀딩)으로 지원 받았습니다.